THOMAS ROMLIN

ATT LEVA SOM VAKEN

Thomas är född 1963, en helt ordinär persona som fungerar i det vardagliga efter sitt uppvaknade.

Mellan år 2009 till 2011 upplevde han några extremt omvälvande avprogrammeringar. Fenomen som anses vara existentiella.

Thomas har nästan helt slutit sig från den existentiella sfären, men han är fortfarande initiativtagare till gemenskapen STUM om filosofi och existentialism.

Här berättar han om vad det inneburit att fungera som uppvaknad.

© 2023 Thomas Romlin

Förlag: BoD – Books on Demand, Stockholm, Sverige

Tryck: BoD – Books on Demand, Norderstedt, Tyskland

ISBN: 978-91-7785-320-6

Medvetna
anekdoter ur
livet som vaken

SINNESROBÖNEN
OM ACCEPTANS

ATT

LEVA

SOM

VAKEN

Innehåll

Ingen kan leda Dig till sanningen.

Att få reda på vad livet handlar om är att känna enhet, *inte* bara det ytliga.

Att vara medveten om glädje och sorg, bredd och skönhet, likväl som i nöd.

Blott i frihet ser en klart.

Denna bok handlar om det som är utmanande.

Texter utifrån att leva som vaken med ett sinne som är fritt.

Boken ligger till grund för

- **Att acceptera.**

Välkommen till "ATT LEVA SOM VAKEN" En bok om acceptans och sinnesro.

En guide till inre frid via Sinnesrobönen.

I denna bok kommer vi utforska kraften i sinnesrobönen och hur acceptans kan vara nyckeln till att uppnå inre frid.

Genom att fördjupa vår förståelse för sinnesrobönen och dess koppling till acceptans kommer vi upptäcka det som hjälper oss att navigera genom livets utmaningar.

Eventuellt hittar vi känslan av harmoni.

Du kommer finna grunderna för ordning och att släppa taget. Hur du kan öppna upp för acceptans.

Att med öppenhet samt medvetenhet omfamna livets situationer till varaktig acceptans och sinnesro.

Hur förbindelsen med oss själva ser ut.

Låt oss fortsätta att odla och utforska denna väg mot inre frid.

Jag hade precis börjat skriva på denna bok när en vän kommer förbi utvecklingscentret.

En vän som ganska nyligen kommit till insikt och accepterat att hans äktenskap inte är värt att bygga vidare på, med konsekvenserna det medför.

Nu är dem mitt uppe i skilsmässa med försäljning av hus och flytt.

En vän som i samband med skilsmässan funnit en ny gemenskap dit han går på regelbundna möten.

Min uppfattning är att han nu fått smaka på utmanade frågor och lättat på bördor som gnager.

I gemenskapen erbjuds han ett värdefullt sammanhang av dem som lyssnar.

Ingen ser vännen som en personlighet med behov av sådan gemenskap.

Denna man är världens snällaste och till vardags en familjeman som arbetar och ger familjen av det han kan.

Han frågar vad jag gör?

Jag slår ihop datorn och inleder med; jag har nog börjat skriva på en ny bok.

Det kom ett uppslag som kittlade och när jag smakade på det känns det som att jag har något att berätta.

Jag fortsatte med att temat rör sig runt acceptans och vad det innebär.

Vännen pekade genast ut sinnesrobönen, den bön man kan säga är AA:s signum.

"Gud, ge mig sinnesro att acceptera
det jag inte kan förändra,
mod att förändra det jag kan,
och förstånd att inse skillnaden"

Vännen fortsätter och kommenterar, "inte alltid det lättaste"

Jaha tänker jag och accepterar att han tänker så.

Jag ser det dock lite annorlunda, men det är ju inget jag behöver trycka upp i ansiktet på vännen.

Som nyvaken är det lätt att vilja berätta om andra synsätt. Det finns en form av salighet som väller fram i tid och otid.

En salighet som ofta upplevas som predikan, den sortens predikan kan upplevas som skrämmande av de flesta i ens omgivning (vis av egen erfarenhet).

Det är lätt att fastna i känslan av att ett uppvaknande innehåller alla svaren. Till viss del är det så. Men med tiden börjar saligheten att avta och i ersättas av acceptans. Acceptans som kommer ur mycket självrannsakan.

Känslan efter ett uppvaknande kan vara väldigt omvälvande och till viss del förblindande. Ett uppvaknade kan till och med leda till stagnation och depression.

Nyckeln ur ett sådant tillstånd kommer ur acceptans om att det fanns inga svar, bara en total okunskap.

För att se det och bli fri från sitt uppvaknande behöver en möta sig själv som uppvaknad. Det kan ses som en paradox att behöva vakna upp ur sitt eget uppvaknande.

Först när så sker kommer acceptans om acceptans in i livet.

För undertecknad blev utvecklingscentret en bas för att komma till acceptans

"att acceptera det jag inte kan förändra, mod att förändra det jag kan, och förstånd att inse skillnaden"

Vad kunde jag förändra och vad kunde jag inte förändra?

Det enkla svaret, **mitt sätt att förhålla mig till det som sker.**

Min vänkrets består som hos så många andra av viss beroendeproblematik. Här kommer ett exempel på det.

Igår kväll hälsade jag på en vän och åt lite hemmarökta räkor i goda vänners lag.

En bit in på kvällen droppade vännens hyresvärd in och lyfte sin oro över sin son som hamnat i missbruk.

Berättelsen fortgick med hur hyresvärden försökt hjälpa sin son att komma på fötter igen.

Hyresvärdens berättade om sina försök att hjälpa sonen. Oron var tydligt och det verkade inte som hjälpen hade varit särskilt behjälplig.

Efter en längre tids försök att vara det stöd som en far bör vara var oron fortfarande stark och frustrationen var tydlig.

Hjälpen hade varit inriktad på både det känslomässiga som ekonomiska.

"Jag kan inte bara skita i det" sa hyres-värden. "Jag kan inte bara acceptera"

Det här är väldigt svårt och starkt att möta och prata om för vilken förälder som helst.

Rätt som det var riktades frågan till mig, "skulle du kunna skita i det?"

Nej det skulle jag inte; svarade jag, men jag skulle nog förhålla mig till det på ett annat sätt.

Svaret löpte hela vägen ner i "the rabbit hole". Ett svar som inrymde en hel del slutsatser.

Efter att ha verkat och levt med existen-tiellt utforskande i många år och med människors som sökt efter svar, hade jag faktiskt funnit ett svar, **att det finns inga svar.**

Det fick mig att försöka peka hyresvärden i andra riktningar. Jag ställde frågor för eftertanke i försök att stilla hans oro.

Det är i och för sig lika paradoxalt att jag ska kunna stilla hans tankar och känslor som det är för honom att stilla sin sons.

- Vet vi vad sonen saknar?

- Vet vi vad sonen söker?

- Vet vi vad som kan hjälpa sonen?

- Finns det andra sammanhang som kan vara till större hjälp för sonen?

Hyresvärdens försök att hjälpa sonen kanske stjälpte mer än hjälpte.

Det som gick att utläsa var hur allt bottnade i förlust av trygghet i barndomen för sonen, en förlust som övergått i sorg. Det som skedde nu var att sorgen bedövades med bruk av droger och alkohol.

Att en mor och far ska släppa taget och acceptera i en situation som denna är mycket begärt.

Dessa situationer kan lätt bli en dans av frustration och ilska, en situation som väcker upp en hel del trauman och förtryckta känslor som aldrig hanterats.

Att möta sådana känslor kan göra ont och vara svåra att samtala om, även för en mor och far.

Insikter om frustrationen som ovan, och hur de kan hanteras eller inte är början till acceptans för mig.

"att acceptera det jag inte kan förändra, mod att förändra det jag kan, och förstånd att inse skillnaden"

Det sägs att system kraschar, att människor inte orkar och att resurser inte räcker till.

Ett synsätt som får många att vilja förbättra världen och vara världsförbättrare.

Med insikt om principen att människor saknar svar I såväl det lilla som det stora ställs mycket på sin spets.

Tänk om det är att sluta rädda världen som räddar densamma?

Är det samma sak med att rädda världen som att rädda en närstående?

Insikter om detta kommer normalt inte till sinnet men om det gör det är det fina att det syns och märks.

Insikten som leder till förnyelse, acceptans och sinnesro.

Personligen har jag slutat vara en världsförbättrare.

När insikten om ens egna betydelse accepterats förändras synen på relationer.

Människorna får vara dem de är oavsett om de faller igenom eller upplever att de har framgång.

Att låta det som sker få ske är en anpassning som kommer ur acceptans. Ett förhållningssätt som inte alltid tas emot positivt av omgivningen.

I realiteten blir en dock mer tillgänglig och till större glädje för samma omgivning. Att stå i relation till allt eller inget är inte detsamma som att alltid finnas till hands.

Oavsett var vi befinner oss i livet och vad livet väljer åt oss finns det bara en som har möjlighet att möta livet och dess relationer, och det är du.

Du väljer inte alltid de situationer du befinner dig i eller dina tankar, men du kan välja hur du möter tankarna och de livssituationer du hamnar i.

Vad som är rätt eller fel väg går inte att förutsäga. Om det gick skulle det innebära att vi kunde sia om framtiden, och ingen har kunnat berätta för mig vad som exakt kommer att hända imorgon.

Tankarna är för mig sammanflätade impulser och känslor utifrån det som sker.

Acceptansen är för mig att möta tankar om **att där finns inget slutgiltigt svar**.

Sitter vid frukostbordet och får höra att madames syster har bjudit madame på lunch dagen innan, hon hade slaktat tuppen.

Jordgubbe som tuppen hette hade inmundigats till lunch.

Nyfiket kunde jag inte undvika frågan varför Jordgubbe och inte Lingon valdes till slakt? Lingon är den andra tuppen i hönsgården.

Lingon hade tydligen varit den snällare tuppen mot hönsen och visat dem vart mat fanns och överlag behandlat hönsen i gården lite schystare.

Lite sturskt frågade jag om jag också skulle slaktas först i hönsgården om jag varit en tupp?

Svaret blev lite överraskande "inte alls".

Jag skulle tydligen se till att hönsen fick det de förtjänade och samtidigt jag tog hand om mitt hönsharem bedyra min kärlek till dem.

Vari sitter egoismen i att se om sitt hus?

Allt en gör, gör en med avsikt att det ska gagna en själv, att se det kan kräva lite extra reflektion.

Dock är det inget konstigt när en ser efter. Det är svårt att finna något som görs eller inte görs utan grund i ego-ismen.

Det vi kanske inte ser i ett första skede är att egot ytterst definierar jaget. Det kan vara svårt att se och blir inte tydligt förrän en accepterat egot såsom det är.

När en INTE försöker eller vill se hur ens egna beteendet skapar avtryck är det svårt att se hur ens förehavanden faktiskt slår tillbaka mot en själv.

Erfarenheten är att ju mer energi som läggs på att forcera ju oftare uppstår hinder. Det i jämförelse med när "saker och ting" får ha sin gilla gång.

Min upplevelse är att det ganska ofta finns en plan större än ens ego.

Att se vad som inte kan förändras och att acceptera det är den starkaste kraften till att något "nytt" kan träda in.

En trädgårdsmästare kan aldrig tvinga någonting att växa, han eller hon kan däremot skapa bra förutsättningar. När en inte förutsäger vad som skall hända skapas förutsättningar till att något kan hända.

Den här dagen deltar jag i en internationell dialog med människor från hela världen.

Dialogen börjar med att en video spelas upp. I videon ställs ett antal frågor som har en underton av att något är fel och behöver lösas.

Enligt mig tar frågor tag i deltagarna som omgående börjar analysera frågorna. Det verkat som om det finns ett dolt syfte med att förstå något, att finna en lösning på något.

Dialogen fortsätter utan att någon försöker sätter sig in i undertonen, detta samtidigt som det blir tydligt att analysera frågorna inte kommer leda till något svar.

Grundfrågan som ställdes I videon var **"Is there a final question, one question that will answer all questions?"**

27

Svaret finns som regel i frågan.

Vad är syftet med denna fråga tänker jag samtidigt som jag ser att cirkusen drar igång.

Frågan ockuperar samtliga deltagares tankar, tankar som lyfts upp på bordet en efter en för att analyseras?

Vad hade hänt om frågan aldrig ställts? Hur hade deltagarna gått in i dialogen då?

Kan vi möta situationer som dessa på ett annat sätt?

I sammanhang som dessa är det ofta lyssnandet som framhävs för att ta in vad som ska förstås.

Mitt förslag är att inte lyssna alls, snarare att observera vad som händer. Det blir då tydligt hur frågan bara studsar och ändrar form.

"Att inte lyssna" är inte heller det ultimata svaret som besvarar alla frågor.

Frågor i sinnets värld blir alltid aktiva så länge sinnet är aktivt, och en behöver inte agera eller reagera på alla frågor och intryck.

Ytterst finns det säkert stimuli som inte går att värja sig från, men jag ser det som om att det är upp till var och en att välja vilka intryck en väljer att agera på eller inte agerar på.

Frågan som ställdes var; finns det en fråga som besvarar alla frågor?

För mig finns det inget svar på denna fråga så länge frågor ställs.

Samtidigt observerade jag hur dialogen fortgick just för att det ställts en fråga.

Denna gång kommer en långväga gäst på besök i utvecklingscentret för övernattning innan han reser vidare till London.

Vi har haft en relativt lång relation till varandra med den gemensamma nämnaren att vi träffades under våra respektive uppvaknanden.

Parallella uppvaknanden där enes resa varit olik den andras. Däremot har vi utvecklat ett gemensamt talspråk runt det som egentligen inte går att tala om.

När vi numera träffas blir det mest en massa eggande blaj som innehåller en hel del skratt samtidigt med en existentiell underton.

Språket vi har innehåller en massa fördömanden som är svårt att undgå. Det ligger i språkets natur att peka ut en riktning utifrån rätt eller fel.

Vad som utmärker sig i våra möten är att jag är mest i tystnad och lyssnar medan vännen är den som tjatar på.

Även om jag inte är direkt talför till vardags är nog vännen den som befunnits sig mest i tystnad.

Dock finns det ett behov av att berätta när tillfället ges och det är det största bidraget till utveckling för mig. Men vad är egentligen utveckling?

Enligt mig sker utveckling när insikter kommer till, insikter som förändrar ens sätt att förhålla sig.

En sådan insikt kan vara att se innebörden om vad som är viktigt.

Om vi låter utgångspunkten vara att alla människor lever på en liten boll i universum. Vari fäster vi vikten av att vara viktigt i detta större perspektiv?

Vikt kan läggs till nya insikter i den inre resan. Med perspektiv såsom tidlöshet, perception och relation kan en finna nya insikter.

"att acceptera det jag inte kan förändra, mod att förändra det jag kan, och förstånd att inse skillnaden"

Nyckeln i sinnesrobönen kan ses i **"att inse skillnaden"**.

Utifrån nollpunkten är det lätt att tro att allt landar i acceptans men med pricken i universum som utgångspunkt och förändring som tema kan förändring få en ganska meningslös betydelse.

Det som förändras är egot.

Egots betydelse är den enda vi har och Innebörden av egot som något egolöst är ett gammalt och dött synsätt.

Kan vi se det?

Vill vi se det?

Inte om vi frågar egot.

Haha!

I skrivandets stund kommer en inbjudan till en middag på en restaurang i Östermalm, Stockholm.

Det är två andra "sektvänner" som står bakom invitationen.

Tackar ja till invitationen och möter upp i stan några dagar senare.

Blir lite vanligt snick snack till middagen innan en fråga lyfts upp på bordet från en av vännerna. Han beskriver en organisation sprungen ur buddismen där vännen har ett styrelseuppdrag.

Organisationen hade tappat mycket av sina medlemmar och har nu svårt att attrahera nya.

Frågan som ställdes var, "Hur ska man attrahera nya människor att bli intresserade och teckna medlemskap?"

En liknande situation har jag varit med om tidigare. En situation som slutade med att den svenska grenen av den internationella organisationen stängdes ner 2019.

Vännen som ställde frågan är sammankallande moderator till en grupp som träffas regelbundet kring existentiella frågor. En grupp vi skulle delta i efter middagen

Det enda jag fick ur mig var att, skulle du göra den grupp vi nu ska besöka efter middagen till en medlemsburen grupp skulle den nog dö ut ganska snabbt.

Bakom det svaret finns ett synsätt om att det är ganska naturligt för existentiella grupper att dö ut.

Desto mer du utforskar existensen upptäcker man att organisationer som dessa är skapta runt något som endast du själv som individ kan uppleva och komma fram till.

Vi är och kommer förbli ensamma i vår upplevelse. Acceptans om att bara ens egna som är det som leder till "något" blir utkomsten av existentiellt utforskande. En acceptans som får intresset för existentiella grupper att med tiden falna.

Gruppen inom existentialism levererar inte längre, gruppsykologin för en vaken leder mest till fler distraktioner. Därmed är det fint att umgås och berätta och peka ut riktningar för varandra, men upplevelsen förblir ens egna.

"Gud, ge mig sinnesro att acceptera det jag inte kan förändra, mod att förändra det jag kan, och förstånd att inse skillnaden"

Det ser ut som det absolut svåraste som finns är att släppa investeringar som gjorts, oavsett det handlar om ekonomiska, nostalgiska eller känslomässiga investeringar.

Det känslomässiga är vad det handlar om samtidigt som det är uppenbart att man behöver släppa taget om något för att något nytt ska ges utrymme.

Gemenskapen vi besökte efter middagen i Stockholm bestod av ett flertal äldre personer.

En av deltagarna hade nyligen blivit diagnostiserad med cancer, något han kände för att lyfta in i gemenskapen.

Det tog inte lång tid innan det obegripliga som döden innebär hade greppat tag i nästan samtliga deltagare.

Den ena beskrivningen efter den andra gestaltades, alla med en viss säkerhet om vad som dör eller inte dör. Intressanta teorier men ingen med reflektion kring det som inte går att förändra, att vi dör.

Vi kan väl inget annat än acceptera att döden är en del av livet och att ingen med säkerhet kan återge döden till någon annan.

"Gud, ge mig sinnesro att acceptera det jag inte kan förändra, mod att förändra det jag kan, och förstånd att inse skillnaden"

Gemenskapen ger en viss tröst och trygghet

i sammanhang som dessa är dödsångesten påtaglig.

Starka berättelser fyllde lokalen från deltagare som varit nära att själva dö eller om närstående som nyligen gott bort.

Jag som själv varit så tagen av ämnet har lagt döden åt sidan tillsvidare, dock är den ständigt närvarande.

Jag har ju för vana att födas och dö hela tiden, utifrån vad man menar med jag?

I mitt fall separerar jag inget från mig själv.

Varje dag föder jag nya celler samtidigt som andra dör, precis som tankarna bara kommer och går.

Vari vi själva drar gränsen mellan liv och död är en svår sak och var och ens om man frågar mig.

Jag har dock slutat spekulera om döden utan bara accepterat att jag kommer att dö oavsett vad det innebär. Allt väl balanserat av det vi inte heller kan förstå, livet självt.

Livet lever oss såsom vi är skapta att leva.

Samtidigt som texten rinner ur mig om döden uppstår ett väldigt märkligt fenomen, ett igenkännande av något som redan har hänt, en deja vu!

Drog mig till minnes att kände igen detta skeende som hända mig nu.

En flash om att jag redan skrivit det jag skriver nu men att jag någonstans på vägen dog. Att skrivandet av boken aldrig blev klart.

Innan min upplevelse av enhet var deja vu bland det första fenomen som skapade mycket huvudbry för mig. Det var innan en fått insikt om uppbyggnaden av tid.

En gåta som inte heller kan förstås men som kanske ses. Det där som vissa kallar för Gud och andra för medvetande, energi eller livet.

Oavsett vad vi kallar det är det inte möjligt att förmedla, vi är en aspekt av det.

Alltid nytt, aldrig stilla, snarare ett fenomen som förblir ens "eget".

Svårast är att ta in aspekten av både separation och enhet i ett (ens eget).

Det som redan från början är dödsdömt att förklara och ingen mening försöka att sätta ord på.

"Gud, ge mig sinnesro att acceptera det jag inte kan förändra, mod att för-ändra det jag kan och förstånd att inse skillnaden."

Vad vi ger mening är kanske den största övningen i acceptans.

Dagen vi förbiser meningen med mening levs ett liv utan mening.

När en väl ser igenom meningen med mening får meningen en ny innebörd.

Acceptans har trätt in och modet att följa både tankens idéer såsom hjärtats längtan blir ingen stor grej.

"Saken" är vad det är och får vara som det är.

En ständig vakenhet för vad som händer blir grunden för ens varande, ibland får det utlopp och ibland inte.

Egot blir ingen stor grej och det får operera utan att någon större notis tas.

När vi agerar med aspekten om vad som är viktigt eller ej uppstår möjlighet att förändra det vi kan.

Vakna gör ingen skada större än vad den är och samtidigt låter det mesta få vara som det är.

Är något i människans beteende värt att notera så är det ett vaket beteende.

Det kan låta väldigt avskärmat men är det enda som kan ses som viktigt om aspekten är att all mänsklig aktivitet sker i relation till en liten prick på him- lavalvet, det vi människor bor på.

Den vaknes utgångsperspektiv i förstå- elsen av sig själv och dess mening.

Vad vi ger mening är kanske den största övningen i acceptans.

Ingen eller ingenting där ute kan få mig att komma i kontakt med livet, lugnet, lyckan – förutom jag själv.

Vi är ensamma i vår upplevelse.

Jag vet inte om det är något att sträva efter men det verkar vara viktigt för existensen att bli fri rädsla och finna salighet.

Jag är ensam i "uppdraget" mitt liv.

Att lyssna på sig själv är att titta inåt och komma i kontakt med sig själv.

Allt förvirrande "BULLSHIT" leder inte till någon egentlig mening om det inte ges mening. Dess motsats heter acceptans.

Ögonblicket då healing trädde in.

När jag skilde mig för andra gången hade jag turen att hitta ett hus på landet, ett hus som blev som en tyst fristad.

Arbete fyllde dagarna men på kvällar och nätter gjorde ensamheten entré.

I huset blev jag ensam med mina tankar och mötte mig själv utan brus från omvärlden. Så var det under en längre period.

I ensamhet har man bara sig själv att tala med, och svara upp till. Det blir uppenbart att när en är elak med sig själv reagerar ens känslor likadant.

Med andra ord är man snäll mot sig själv svarar ens känslor vänligt på det.

ATT ÄLSKA DIG SJÄLV är att VARA DU.

Efter en tid gillade jag att stänga dörren och bara njuta av det enkla utan att behöva delta i "the blame game".

Ensamheten tilltalade mig med ett för mig nytt språk. Dialogen med mig själv ändrade karaktär från dömande tankar till icke dömande.

När kärleken till en själv gör intåg läker den en själv.

Källan till alla tankar och förnimmelser har samma ursprung, de börjar och slutar hos en själv. När det blir tydligt och förstått börjar en läka sig själv.

Inget annat behöver tas in och det är egentligen ingen stor sak att fatta.

ÄLSKA DIG SJÄLV OCH BLI HELAD.

När jag flyttade in i det här huset kallade jag det för ett "Life Restoration Place" utan att veta varför. Nu vet jag!

Stop Underestimating Yourself

TACKSAM FÖR LEKTIONEN

Denna kväll kom Prinsessan och Madame på besök till utvecklingscentret.

Efter en längre dialog och några timmar senare landar vi i en dialog om vad som är att hjälpa?

Hjälp har till syvende och sist som uppgift att leverera sinnesro.

Löper vi hela linan ut visar det sig att rädsla för det okända är vad som förhindrar känslan av sinnesro.

Ett exempel på det okända kan vara döden.

"Gud, ge mig sinnesro att acceptera det jag inte kan förändra, mod att förändra det jag kan och förstånd att inse skillnaden."

Det omöjliga i att förstå döden leder till att vi ignorerar den.

Ignorans är att lura sig själv och vi kommer aldrig bli fri det ignorerade.

Ignorans ligger alltid kvar i bakgrunden och leder oss mer än det är uppenbart. Ignoransen göder rädslan till motsats mot acceptans som håller rädslan tillbaka.

Acceptans är synonymt med sinnesro.

Att se skillnaden mellan ignorans och acceptans kan vara hårfin, att se skillnaden är att se vad en kan förändra respektive inte kan förändra.

Om "målet" är sinnesro bör en ställa sig frågan om en kan hjälpa en annan människa att finna sinnesro.

Personligen tror jag att vi kan peka ut riktningen till varandra men inte "göra jobbet", det är upp till var och en.

Det är svårt att befinna sig i eller sätta sig in någon annans sinnesvärld, för att inte säga omöjligt.

"Gud, ge mig sinnesro att acceptera det jag inte kan förändra, mod att förändra det jag kan och förstånd att inse skillnaden."

Är på nytt besök några veckor senare hos vännen vars hyresvärd och son berättats om tidigare.

Det första hyresvärden säger när han ser mig. Jag vill vara med på dina "sektmöten" i Djursholmsvillan!

Utan en aning om vad dessa event bidrar med så var han tvärsäker på att han skulle vara med.

Vad hade hänt?

Att komma till insikt om egen frustration och hur den hanteras eller inte hanteras är början till acceptans.

Det visade sig att i förra samtalet såddes några frön som satt igång det som nu landat i ett intresse för att utforska själv.

Hyresvärden visade uppriktigt sin ambition om **att det finns nog något mer för mig att upptäcka.**

Herre Gud tänkte jag, att det finns.

Finns det verkligen så mycket att upptäcka?

Till saken hör att "det" hyresvärden nu sökte fanns just där i just det ögonblicket.

Ögonblick är inte uppenbara för den som söker något mer. Den som söker efter sig själv.

Vis av erfarenhet kan en bevittna en resa inom existentialism som kan bli hur lång som helst, en resa som kanske aldrig tar slut?

Föreställningarna om döden inom existentialismen är många och ofta dryftas den som det eventuella slutet på resan, eller början på något nytt.

Hyresvärdens och andras nyfikenhet på "sektmötena" kommer ur de existentiella.

Vem är jag och vad är meningen med livet etcetera? Frågor som egentligen inte har något svar eller kanske till och med flera svar.

Allt beroende av vår approach och acceptans till existentiella frågor.

Mod är att inse skillnader och förstå intellektets roll, som är att förstå.

Hyresvärden ville så gärna förstå vad som händer på "sektmötena". Möten som har till uppgift att inget varken ska hända eller förstås.

Är det någon gång något händer så är det när det inte ska hända.

"Gud, ge mig sinnesro att acceptera det jag inte kan förändra, mod att förändra det jag kan och förstånd att inse skillnaden."

Det ramlar in lite konversationer ibland från vänner som likt en annan försökt finna svar och mening.

Under en veckas tid har följande dialog varit på tapeten. En dialog som har översatts från engelska.

A skriver: Vid söndagens danska Skypemöte lyftes problemet med intelligens kontra intellektuell aktivitet. En kamp mellan intelligens, visdom och okunnighet. David Bohm nämner i sin bok att AI borde betyda tänkandets intellektuella aktivitet.

Tankeprocessens mekanistiska funktion verkar göra det möjligt för AI, GPT och så vidare att kopiera tankeprocessen och kanske göra den bättre.

Hittills kan GPT bara producera vad som verkar vara bra tänkande, men inte producera någon verklig sanning.

Även om det kommer att visa sig vara ett bra verktyg, kan det ändå bli slutet för det?

Vi vet från K-studier att det finns en annan process som löper parallellt med tankeprocessen. K använde olika namn för att kunna prata om något obeskrivligt: sanning, insikt, absolut, marken, källan till all energi, känslighet för vad som pågår och så vidare ...

Det förefaller mig självklart att detta måste vara bortom logiken, om inte, säg mig varför?

Det verkar för mig som med erfarenhet av en förlamad fot att det finns en omedveten funktion från lillhjärnan som gör att den friska foten fungerar som den ska.

När storhjärnan medvetet försöker göra samma sak fungerar det inte som den ska.

Ortopeden sa att det är bristen på kopplingar från hjärnan till foten. Lill-hjärnans omedvetna arbete påverkar medvetandet och vice versa. Verkar inte det intressant att undersöka?

Och på vilket sätt är jaget, egot fångat mellan dessa parallella processer?

P svarade: Hej A

Tack för att du gav mig denna möjlighet att förtydliga mina kommentarer angående logisk analys och epistemologiska status.

Det obeskrivliga, processen du refererar till kallas ofta också för det omätliga, det formlösa eller tomheten och är av verklig natur, per definition bortom logiken. Det är ologiskt eller icke-logiskt eftersom det inte följer några regler eller principer.

Det omätliga, formlösa, tomheten, som är källan till sanningen, informerar enligt K emellertid om verkligheten. Det som är verkligt går att beskriva och har beskrivits många gånger av K i sina föredrag.

Det som beskrivs och verbaliseras är avsett att tas bokstavligt till skillnad från metaforiskt och kan inte utsättas för logisk analys utan mer en rationell empirisk analys och vetenskaplig metod.

Naturligtvis är K inte så förtjust i den typen av analyser. Han är ofta ganska avvisande samtidigt som han paradoxalt nog vädjar till logik och rationalitet.

Den mest grundläggande logiska analysen skulle vara att följa de tre grundläggande logiska principerna: principerna identitet, icke-motsägelse och utesluten mitt.

En ytterligare logisk analys skulle innebära identifiering av formella och informella logiska fel som det finns många av.

Om man syftar till att vara, som K också uttrycker det, en rationell och sansad människa, kan man inte riktigt bryta mot grundläggande logiska principer åtminstone om man vill bli förstådd och tagen på allvar i bokstavliga termer.

Logiska felaktigheter begås av nästan alla rutinmässigt baserat på kognitiva fördomar och utan någon medvetenhet om det. Och i vissa fall, även när ologiskheten påpekas saknas förståelse för logisk innebörd eller nödvändighet, konstigt nog.

Människor ändrar bekvämt och omedvetet det logiska utrymmet. Politiker är naturligtvis experter på denna öppna kontextualisering.

Det finns förvisso inget krav på att hålla sig inom ett visst logiskt utrymme om man inte håller med premisserna och inte vill argumentera utan istället vill beskriva om eller byta ämne. Kreativitet och förändring kräver ombeskrivning och ny kontextualisering.

En fråga uppstår dock, om du vill avgöra vad som är fakta. Särskilj vad som är sant från vad som är falskt i den normala betydelsen av dessa ord.

I sina samtal gör K många påståenden som han anser vara fakta.

Han når dessa fakta via direkt perception eller ren observation. Direkt perception eller ren observation ger ingen metodik för att avgöra vad som är fakta från vad som inte är det.

Denna brist på metodik har dock epistemologiska implikationer.

Det gör hans faktabeskrivningar och bedömningar rationellt och empiriskt ogrundade.

Direkt perception eller ren observation kan inte i och för sig avgöra vad som är ett faktum. K:s "fakta" är i huvudsak bara påståenden eller sanningskandidater som kräver rationella och empiriska belägg för att ett sanningsvärde ska kunna fastställas.

Sammanfattningsvis, enligt min uppfattning, när du väl börjar beskriva saker, tänker konceptuellt och uttrycker dig verbalt, är du inom språkspelet med rationell och empirisk motivering. Din beskrivning måste vara sammanhängande och måste stämma överens med verkligheten för att anses sann.

Du befinner dig helt och hållet inom den logiska analysens domän och dina beskrivningar kan bli föremål för en logisk analys - såvida du inte är poet.

Med det menas att du vill säga eller engagerar dig i en litterär genre, eller talar metaforiskt, vilket K i själva verket ofta gör.

H svarar: Kära A och P

Här kommer någon kommentar/fråga på dina poänger om logik och det omätliga/formlösa.

Varför kallar du dem "parallell" eller "ologisk" process?

Nyckelfrågan är: hur är dessa processer är kopplade samman?

David Bohm menar att de är av olika ordning men internt sammanlänkade, alltså oskiljaktiga.

Denna länk har två "sidor": förklara (vad vi ser) och implicera (vad vi inte ser).

Alltså är varje ord eller begrepp kopplat till det objekt det representerar.

Att se denna länk är intelligens.
Eller?

P svarade: Kära H

Mycket intressant.

Och först en utlösande varning: mitt svar på din fråga är något långt :-)

David Bohms förslag att det mätbara & det omätliga med andra ord, form & formlöshet, är av en annan ordning, men internt sammanlänkade, och därmed oskiljaktiga, kan vara sant, men det är en metafysisk proposition utan empirisk grund.

När jag använde termen ologisk för att karakterisera det omätliga menade jag inte ologiskt. Jag menade att logikalitet inte alls kommer in i bilden.

Konceptet är meningslöst inom en ordning av formlöshet.

Hur dessa processer eller kvalitativt olika ordningar hänger ihop är nyckelfrågan du ställer.

Jag skulle föreslå att kopplingen är kausal och inte, som du verkar anta, representativ. Världen kan få oss att hålla vissa övertygelser. Men världen ger inga beskrivningar och bestämmer inte vilka beskrivningar som är sanna. Världen talar inte och tänker inte. Det gör människor.

Varje ord eller begrepp är alltså inte kopplat till ett objekt i ett representationsförhållande. Och på en sententiell nivå är på samma sätt inte en proposition kopplad till ett tillstånd.

Enligt min uppfattning finns det ingen referens eller överensstämmelse mellan begrepp eller meningar å ena sidan

65

och en tidigare bestämd icke-mänsklig verklighet å andra sidan.

Wittgenstein föreslog i sin tidiga filosofi (Tractatus Logico-Philosophicus) denna typ av representativistisk inställning är på en mycket mer sofistikerad nivå.

Han föreslog en känd teori om språk och mening baserad på logisk analys och överensstämmelsen mellan språk och verklighet.

Enligt Wittgensteins tidiga språkteori är språket ett medel för att representera verkligheten, och meningen med en proposition är baserad på dess sanningsvärde.

Språket är sammansatt av meningsfulla satser, som kan analyseras i sina beståndsdelar, nämligen enkla satser.

Enkla propositioner är de som har en "bildliknande" relation till världen, vilket betyder att de motsvarar tillstånden i verkligheten.

Denna överensstämmelse mellan språk och verklighet gör att språket kan användas både för att beskriva världen och för att göra förutsägelser om den.

Den senare Wittgenstein (Philosophical Investigations) övergav det tillvägagångssättet helt.

Istället föreslår han att sanning, fakta och kunskap är en produkt av delade ordförråd, språkspel, sociala praktiker, kort sagt, livsformer som återigen är beroende av och betingade av historiska, sociala, miljömässiga och kulturella faktorer och i slutändan till exempel mänsklig evolutionär biologi.

Vi kommunicerar framgångsrikt varje dag, och vi använder kunskap framgångsrikt varje dag, eftersom vi delar föreställda (och betingade) verkligheter och sociala praktiker på många nivåer.

För att klargöra frågan kan du ställa frågan: "är träd vad de är eftersom vi använder begreppet 'träd' på det sätt vi gör" eller "använder vi begreppet 'träd' på det sätt vi gör för att träd är vad de är."

Det sistnämnda svaret, att vi använder begreppet 'träd' på det sätt vi gör, eftersom träd är som de är, är den representativistiska synen som jag tycker helt bör förkastas.

Om vi relaterar denna representativist-iska idé mer direkt till K:s tänkande och hans distinktioner mellan verklighet, aktualitet och sanning (som vi tog upp vid den senaste retreaten), så, enligt K, i sammanhanget av en socialt och kulturellt betingad verklighet, är representationsrelationen förvrängd.

Endast i ett tillstånd av direkt uppfattning eller ren iakttagelse kan det faktiska, det sanna förhållandet,

ses och agera intelligent och medkän-
nande.

För att använda kantianska termer,
antar K att direkt perception eller ren
observation överskrider det förvrängda
perspektivet och ger en oförvrängd
Guds syn på saken i sig.

Men jag skulle föreslå att det inte finns
någon sådan Gudsögd vy, som tillåter
jämförelse mellan begreppet och själva
saken, i själva verket kan det inte finnas,
eftersom det omätliga, det formlösa, är
precis det, utan form. Det är dimension-
en av ingenting-het.

Ordet är inte grejen, konstaterar K, vilket
är trivialt sant.

Det finns inget, utan ordet är också
sant, och det blir mindre trivialt så.

För att återgå till exemplet ovan, efter
den senare Wittgenstein, är det inte
sannare att säga att träd är vad de är,

eftersom vi använder "träd" på det sätt vi gör, än att säga att vi använder "träd" på sättet vi gör för att träd är som de är.

Varken tanken bestämmer verkligheten eller verkligheten bestämmer tanken.

Båda dessa påståenden är helt tomma.

Båda är pseudoförklaringar eftersom de antar att du kan skilja mellan konceptuellt schema och innehåll.

Men som K med rätta påpekar är betraktaren den observerade. De kan inte skiljas åt.

Att skilja det beskrivna från beskrivningen är förstås precis vad K gör när han sedan fortsätter att hävda att i ett meditativt tillstånd utan betraktaren framträder saken i sin sanna oförvrängda form. Men det är bara ytterligare en version av platonistisk essentialism.

Tanken att man i verkligheten i motsats till i verkligheten kan ha en korrekt oförvrängd syn på fenomen, obefläckad av mänskliga begrepp och perspektiv, det är en metafysisk proposition som aldrig kan verifieras eller empiriskt beläggas.

För att avsluta och för att avstå från hela föreställningen om att kunna veta när du har en oförvriden syn på verkligheten, i verkligheten, skulle jag föreslå att du ändrar följande.

"Ingen handling som är intelligens i verklighetens område, fungerar i verkligheten utan förvrängning."

till

"Ingen handling som är intelligens inom verklighetens område, fungerar i verkligheten som kvalitet, eller (som de gamla grekerna skulle säga) som arête."

71

R kommenterar:

Jag har tänkt på era bidrag till den här diskussionen.

Jag tänker inte komma med svar utan snarare ange min allmänna ståndpunkt och beröra några av de frågor som jag ställer mig själv för tillfället.

På ett generellt sätt håller jag med om mycket av det som har sagts. Om jag skulle använda ordet "formlös" skulle det inte syfta på något jag ser eller upplever.

Förmodligen finns det ett tillstånd som saknar de vanliga mentala processerna genom vilka vi "förstår" världen: begrepp som nationalitet, ideologi, rationellt tänkande etcetera, och känslomässiga villkor som rädsla och ilska. Dessutom är vi betingade av djupare 'tolkningar' av världen som tid, rum, objekt, kausalitet etcetera.

Logik bygger på kausalitet, så i den meningen är det omätliga inte logiskt. Men "logik" som vi generellt tänker på, den bygger på antaganden som skapar ett "utrymme" som P säger.

Utrymmet är begränsat och kan baseras på felaktiga antaganden. Detta leder till oändlig sorg och mörker för individen och kan innebära en katastrof för mänskligheten.

Vi behöver desperat sanningen eller det omätliga för att informera vår verklighet och sätta det begränsade utrymmet av betingad logik på rätt plats. (Som så småningom kan bli AI).

Problemet är att sanningen – om den överhuvudtaget ses – kan informera verkligheten och kasta ljus över den begränsade logiken – men vår verklighet kan inte närma sig sanningen.

Att definiera det omätliga har med andra ord ett begränsat värde i slutändan.

Min pågående fråga är: vad är det med tanken som gör den oförmögen att möta sanningen och till och med oförmögen att se att den inte kan?

H svarar:

Tack R för din kommentar.

Vi vet alla varför tanken är oförmögen att se helheten eller det omätliga.

Bohms lösning var densamma som K:s men han använde olika ord för att beskriva den.

För Bohm är den väsentliga rörelsen mellan den implicerade och explicerade ordningen.

De är båda en del av samma helhet, inte separata.

Det leder oss till frågan: kan tanken vara medveten om sig själv?

Och det leder oss till en grundläggande fråga: vad händer om/när den är medveten?

T svarar:

Hej allihop, jag hoppas att ni hade det bra tillsammans på Brockwood.

Jag ge lite färg till "H´s" grundläggande frågor.

"Det leder oss till frågan: kan tanken vara medveten om sig själv?"

Svar: Ja

"Och det leder oss till en grundläggande fråga: vad händer om/när den är medveten?"

Svar: Den slutar inte men "det" tar slut.

Jag vet att det är lite kaxigt att svara så här och kanske är mina iakttagelser lite som att svära i kyrkan.

Som K tydligt säger, lyssna inte på mig, ta reda på det själv.

Jag vet inte hur jag ska uttrycka sådana ord för att inte låta kaxiga, men kan vi se vad som händer med tanken när K, Bohm eller andra "guruer" sysselsätter sinnet, åtminstone när vi analyserar.

Kan "K" vara "fällan" i sig själv?

Med kärlek

"Gud, ge mig sinnesro att acceptera det jag inte kan förändra, mod att förändra det jag kan och förstånd att inse skillnaden."

Kvällen innan idag blir jag uppmärksammad på en video med titeln "känna sig själv".

Temat kan sägas vara den äldsta frågan inom filosofin, nämligen "vem är jag".

Ord och liknelser är många i videon om allt eller ingenting.

Det blir lätt en ambition och syfte som tar vid i resonemang som i videon, att något skall uppnås eller bli bättre.

Det svåra är att låta ingenting ha lika stort värde som allting.

Deltagarna i videon är auktoriteter, forskare och föreläsare inom både vetenskap samt existentialism.

Liknelserna går egentligen ut på hur allt hänger samman. Att jag är den lilla pixeln på en bildskärm som ingår i en större helhet. I ett större perspektiv är jag bildskärmen.

Syftet med liknelserna är att medvetengöra att, ser vi oss som en liten pixel på en skärm. En pixel som kan skifta färg utifrån olika aktiviteter och tillstånd så har det egentligen ingen större effekt på bilden (våra liv).

En pixel kan till och med slockna utan att bilden förstörs.

Om vi däremot kan se att vi är bildskärmen så får alla pixlars aktivitet en annan betydelse för våra liv.

Vi ser hur allt hänger samman och agerar på ett sätt som ska vara bättre för vårt liv. Kärlek och acceptans sägs bli utkomsten.

Vackert så!

Det som får mig att rycka av plåstret ytterligare en gång är att ska man kalla sig för vaken finns det mer att upptäcka.

Rycker man bort ett plåster så ser och känner man att någonting har helats, men det finns spår kvar av att plåstret suttit där.

Först när spåren är borta kan man kanske prata om att ha vaknat. Kanske till och med när man inser att det kommer tillfällen för fler plåster.

En acceptans om att livet består av att plåstra om och rycka av plåster och att det är okej.

Visst underlättar det att se sig själv som bildskärmen, en skärm där klara färger och gråa toner samsas i målandet av ens livsdrama, det som är vår värld.

Att acceptera att plåster är bra att ha tillhands är praktiskt.

Den stora konsten är att kunna plåstra om sig själv.

Sinnesro uppstår vid upptäckten av att även bildskärmen är ifrågasatt. När frågan är om det verkligen finns en skärm?

När detta seende gör entré finns sinnesro i att vara osäker på allt.

Att acceptera och leva med vetskap om att allt är flyktigt och ingenting är säkert, det beskriva lite vad vakenhet handlar om.

Nu börjar essensen i sinnesrobönen göra sig gällande. Seendet som kommer med att vakna och leva vaket.

"Gud, ge mig sinnesro att acceptera det jag inte kan förändra, mod att förändra det jag kan och förstånd att inse skillnaden."

Jag bad AI-roboten ChatGPT skriva ett kapitel om livskonst, konsten att leva som människa på en planet i universum.

Såhär svarade AI-roboten.

"Kapitel 1: Livskonst - Att leva som människa på en planet i universum

I den oändliga rymden och bland de myriader av stjärnor och galaxer finns en blygsam planet som kallas jorden.

På denna planet blomstrar en varelse som är särskilt unik och fantastisk - människan.

Människan har genom tiderna letat efter mening och syfte med sin existens och har utvecklat en konst som inte bara handlar om att överleva, utan att verkligen leva - livskonsten.

Livskonst handlar om att förstå och omfamna det komplexa samspel som uppstår mellan en människa och hennes omgivning. Det handlar om att finna harmoni i en värld av motsättningar och om att skapa en balans mellan kropp, själ och sinne.

Livskonst är inte en exakt vetenskap, utan en personlig resa där varje individ får utforska och upptäcka sin egen unika väg till ett meningsfullt liv.

En grundläggande princip i livskonst är att vara närvarande i stunden. Det är alltför lätt att fastna i tankar om det förflutna eller framtiden och missa det som händer här och nu.

Genom att vara medveten om våra tankar, känslor och fysiska upplevelser i det aktuella ögonblicket kan vi uppskatta skönheten i livets små detaljer och vara tacksamma för det som vi har.

Livskonst handlar också om att vara medveten om våra handlingar och deras konsekvenser. Varje val vi gör påverkar inte bara oss själva, utan också de människor och den miljö som omger oss. Att ta ansvar för våra handlingar och sträva efter att agera på ett sätt som är gott för oss själva och för andra är en viktig del av livskonsten.

En annan central del av livskonst är att hitta sin passion och följa den. Att finna vad som verkligen inspirerar och engagerar oss är avgörande för att leva ett meningsfullt liv. Det kan vara genom att utveckla våra talanger, följa våra drömmar eller engagera oss i en verksamhet som vi brinner för. Genom att följa vår passion kan vi uppnå en känsla av uppfyllelse och glädje som förgyller våra dagar.

Att vara öppen för förändring och att omfamna det okända är en annan aspekt av livskonst. Livet är en ständig resa, och att vara flexibel och anpassningsbara hjälper oss att hantera de utmaningar och möjligheter som livet presenterar för oss.

Genom att våga stiga utanför vår komfortzon och utforska nya möjligheter kan vi växa och utvecklas som människor.

Slutligen handlar livskonst om att kultivera medkänsla och empati gentemot andra varelser.

Att vara medveten om att vi delar denna planet med andra människor, djur och natur är viktigt för att skapa harmoni och fred.

Genom att visa omsorg och respekt för andra kan vi bidra till att skapa en mer rättvis och medkännande värld.

Livskonst är en ständig strävan efter att leva i harmoni med oss själva, våra medmänniskor och vår planet.

Det är en konstform som kräver tåla-
mod, mod och reflektion.

Genom att omfamna livskonsten kan vi
upptäcka skönheten i vardagen och
leva ett liv som är meningsfullt och be-
rikande i den stora kosmiska dansen i
universum."

Slut citat

Tack kära AI-robot för ett fint svar, ett svar som får avsluta och sammanfatta denna bok.

Kanske är det så att mänskligheten ska lita till live och leva enligt den livskonst som AI så vackert sammanfattat. Det är ju trots allt människan som ligger bakom AI.

Vad en människa egentligen är och dess förehavanden kanske inte är så viktiga.

Kan vi acceptera att allt är bra som det är?

Fråga ingen annan, finn ut för dig själv.

Kram

/T

Att ta in mening och helheten av denna bön är ett stort steg för en själv.

Att ta in helheten är ett kvitto på att ha vaknat upp.

Denna bok är skriven med begreppet **acceptans** som det centrala, vilket kan ses som ledande i sinnesrobönen.

Den som accepterar förståndets begränsning har nog lättare med sinnesro, det utan att behöva blanda in Gud.

Förändring är pågående och vad vi menar med förändring är upp till var och en.

Förändring i sig kan ses som sinnesro.

Ett stort tack till alla som direkt eller indirekt bidragit till skrivandet av denna bok.

Boken har endast skrivits när lusten att skriva har infunnit sig.

Jag har medvetet varvat berättelser med händelser, upplevelser och observationer ur vardagen.

"Gud, ge mig sinnesro att acceptera det jag inte kan förändra, mod att förändra det jag kan och förstånd att inse skillnaden."

V3 by T